CAER

Margarita Leoz

CAER

Ediciones de la Isla de Siltolá

Sevilla 2024

© 2024: **Ediciones de La Isla de Siltolá**
Apartado de Correos 22.015
41018 – Sevilla (España)
www.laisladesiltola.es • *editorial@laisladesiltola.es*

Diseño de colección: La Isla de Siltolá
Impresión: Kadmos

ISBN: 978-84-19298-40-9 • DL: SE 2064-2024
BIC: DCF • THEMA: DCF

(Impreso en España)

e il naufragar m'è dolce in questo mare
GIACOMO LEOPARDI

Hay que caer y no se puede elegir dónde.
Pero hay cierta forma del viento en los cabellos,
cierta pausa del golpe,
cierta esquina del brazo
que podemos torcer mientras caemos.
ROBERTO JUARROZ

Pero ¿por qué el amor? Yo solo pido la belleza.
ANNIE ERNAUX, *Perderse*

YO LOS LEO

Estos versos
que me salen al paso
me persiguen
me buscan hasta dar conmigo
estos versos
que no los escribo yo
estos versos
que dejaste escritos en mi cuerpo.

Yo los leo.

CONDICIONAL PERFECTO

Si nos hubiésemos encontrado en la primera ciudad del
                                                                                      [casillero
y no en la última.
Si yo no hubiese crecido con un padre atento.
Si tú hubieses tenido diez años menos
y fueses ingeniero o licenciado en matemáticas.
Si la rutina tan concienzuda no hubiese hecho su trabajo
—pero siempre lo es siempre lo hace—.
Si hubieras decidido quedarte en casa.
Si yo hubiera decidido quedarme en casa.
Si no hubieras escuchado mi voz a tus espaldas
el misterio de mi voz antes de verme.
Si tu instrumento favorito no fuese el violoncello.
Si nos hubiéramos sentado lejos en aquel autobús.
Si detestases a las rubias.
Si no me hubieses dado la mano
para cruzar aquella plaza en medio de la ciénaga.
Si no hubieses nacido en noviembre.
Si abrazarse para despedirse no fuese una convención
                                                                               [social bien aceptada.
Si yo no tuviese la ciega necesidad de escribir
para llegar al lugar que pretendo evitar.
Si hubiésemos sido menos osados menos osados.

DÍAS COMO HOY

Hay días como hoy
días
días que se acaban
días donde no escribo
no pienso
no siento nada
donde todo es desperdicio
donde es de noche mientras tú eres de día
donde estoy tan lejos
que dudo de que en verdad existiese aquello
el amor
el calor de tu piel
tus manos abiertas
tus dedos largos derrotados de haber
tocado tanto amado tanto
la lluvia
tu pelo
los pájaros
nuestros cuerpos traspasados por el sol
todo
todo un espejismo de otra persona
o del pasado.

INMUNES AL DOLOR

Las colinas oscuras boscosas
pañuelos extendidos de lava verde
un pájaro cuyo nombre desconozco
picotea la baranda
cualquier hora del día
qué importa
la hamaca se mece
respirar al unísono
lápidas de piedra inmunes al dolor.

QUIROMANCIA I

Abres la mano y veo
una encrucijada de líneas
anunciando las pendientes antiguas
la crudeza de tu infancia los pies descalzos la arena caliente
los libros y los viajes
que almacenaste en buques para protegerlos de las crecidas
las mujeres que te amaron
las mujeres que te odiaron
las mujeres fructíferas y filosas
sus cuerpos frágiles o fósiles
ese extenso pasillo donde te despediste de tu madre
la tórtola que cría en el alféizar de tu ventana
los pliegues que son tus hijos
cortándote la palma bajo el meñique
todos los días desde hace veinte años.

HIERBA ALTA

No hay caminos para nosotros
solo la hierba alta
la maleza y el barro
las lianas a las que es preciso saltar
los puentes colgantes
los mosquitos
las cascadas salvajes.

No hay camas bien hechas ni sábanas limpias
ni toallas blancas con iniciales bordadas
solo la arena
el fuego del sol
el embate de la ola.

No hay conciertos de la sinfónica
en asientos preasignados
sino el tronar de las chicharras que hace estallar los oídos.

No hay vajilla heredada ni apellidos en espejo
solo nombres inventados
solo claridad
solo ceguera
solo entrar más adentro en la espesura.

EL PLACER DE CAER

A veces pienso en el placer
—el placer de perderse
el placer de caer—
y otras veces me pregunto
cómo regresaré a mi vida
cómo de en pedazos acabará mi vida
después de ti.

LO QUE IMAGINO Y LO QUE SÉ

Lo que desayunas
la hora a la que te acuestas
la carretera por donde conduces
la camisa con la que te vistes
los periódicos que lees
el cerro por el que sale el sol
el vecino al que saludas

el canal de noticias que te olvidabas prendido en
                              [aquella habitación
el cuaderno que te regalé
lo que escribirás en él
mi libro que te llevaste en tu maleta
la tierra roja y palpitante bajo nuestros pies
lo que tuvimos de manera inexplicable

todo lo que te entregué
todo lo que me habría gustado que te llevases y
                              [dejaste aquí

yo no me quedé nada
no pude.

ESTE AMOR I

Tú piensas que este amor es una ganancia
un hogar lozano que te acoge
una luz
un abrir puertas
un henchir el pecho y respirar profundo.

Pero este amor es una pérdida una falta
es un desgarro es una pena
—mejor la pena que la nada
no mejor la nada la nada—
es una mancha
una mancha con la que hay que vivir
con la que hay que pasearse a pleno sol aunque nadie la vea
una cicatriz interior
la de la mujer perdida
una herida a la que no renuncio
en la que meto los dedos y abro más
y tapo y sangra
y destapo y sangra.

CÓMO

Cómo hacen para vivir así
cómo hacen
para esperar el fin de semana
el tercer trimestre
la próxima primavera
las vacaciones
la fiesta de navidad del colegio
los cumpleaños de los demás
los aniversarios
el pilates de los miércoles
la cita del pediatra
las cervezas con las amigas
el final de la clase de piano
cómo hacen para vivir sin que les dé la risa
o sin meter todas sus pertenencias en un saco
—sus bolsos sus collares sus zapatos sus miserias—
atárselas al cuello
y lanzarse al río.

Cómo hacen para vivir así
vivir esperando eso
sin tenerte constantemente en la cabeza.

UN RECUERDO

Aquella fruta en tus manos
en aquel apartamento con terraza
y música y catedrales amarillas
y calles simétricas y casas con patio
y colinas tenuemente iluminadas.
Aquella fruta que cortaste por la mitad
que pelaste con esmero
a la que le quitaste el hueso ovalado
que colocaste en un plato bello
que me tendiste con una servilleta blanca
cuánto he pensado en aquella fruta
cuánto he deseado decirte no
no me gusta
esa forma elegante diplomática impostada de servirla.

Días después
el apartamento atrás
la ciudad ya solo recuerdo
días después
en medio de aquel sendero
cuando hiciste un alto
sacaste de tu mochila
otra fruta gemela

y la navaja
y de pie
y pisando barro
tú roías el hueso
me reservaste como siempre los mejores trozos
cuando el jugo goteaba por tus manos
no haber chupado tus dedos
no haberte hecho el amor allí mismo
entre el oro y el verde que nos circundaba
cómo me arrepiento
cómo me arrepiento
qué delicia.

LAS NIÑAS FELICES

Amar
de esa forma
en la que aman a sus padres
las niñas felices.

QUIROMANCIA II

Abres la mano y veo
la vejez descendiendo sobre ti en forma de eclipse
tu muerte inimaginada
lejos lejos lejos
a los días a los meses a los años
de haberse producido
mientras yo dormía
o festejaba un cumpleaños infantil
o hacía un bizcocho
o me compraba una blusa
o tu muerte nunca
tu muerte que no me llega
nunca.

DIGO DESEO

Quién eres
por qué
te inmiscuyes en mi vida
por qué yo digo no te quiero
cuando te quiero
por qué yo digo
voy
voy
voy
cuando debería decir no no es posible
no puedo
no puede ser
no puedo
me quedo aquí con las otras
con las mujeres que no dudan nunca
por qué voy hacia ti
perturbada dando tumbos
por qué me olvido de mí
por qué me olvido hasta de mis hijos
quién eres para hacerme desear
aquello que nadie desearía
digo sí digo sí digo quiero

digo deseo que este avión en el que volamos juntos
se estrelle contra esas montañas blancas
con nosotros dentro.

FINALIDAD DE LA ESCRITURA

Escribo
para engañar a la ausencia
para burlar a la distancia
para distraer a la espera
para regresarte
para regresarme.

Escribo
para mentirme
para avivar el dolor
para abusar de los sueños
para enfermar
para matarte
para morirme.

RESPONDER BIEN

El despertador
la ducha
el desayuno
doblar el pijama
el maquillaje
el sueldo a fin de mes
los muebles
la lista de la compra
las explicaciones
oír qué tal y responder bien
interpretar estos poemas
decir mi nombre
hablar de lo que escribo
las ciudades en las que estuve sin ti
las ciudades en las que estuviste sin mí
tu sonrisa para los otros
mi sonrisa para los otros
qué falso qué falso
qué falso todo.

ESTE AMOR II

Este amor es un extravío
es aquel país primero en el que no nos encontramos
aquella calle por la que yo doblé y tú continuaste
o por la que yo continué y tú doblaste
es el azar dándonos esquinazo
es el azar reuniéndonos
años después
siglos después
países después
burlándose de nosotros.

SERÍA COMO DECIR

Me gustaría poder decirte
ya está
ya estuvo
ya terminó
ya fue
ya no te quiero
más.

Ya no más culpa ni miedo ni esperas
ni esquinas oscuras que nos cobijen.

Pero eso sería como decir
no más deseo
no más libre
no más vida
no más yo.
Eso sería como cavar una tumba
paladas de tierra
cavar una tumba de tierra a mi medida y meterme dentro
y con las uñas cubrirme con puñados de tierra
llenarme la boca de tierra
hasta que no quede
ni un solo resquicio
de oxígeno.

POSESIONES

No poseemos nada
el azar del encuentro
los calendarios favorables
la perseverancia del cielo.

Tú posees tu bondad
tu piel morena usada
el final de tu tiempo
un baúl de rostros.

Yo solo poseo la certeza
de esta maldición
la avidez de sentirme querida
esta maldita necesidad de mujer
esta condena.

NO SOY YO NO

No soy yo no
es otra la mujer que
se peina se viste se cepilla los dientes
prueba la leche primero para ver si quema
mete las llaves en el bolso
      el corazón en el bolso
      las tripas en el bolso
la madre la esposa la hija
la que se ahoga y sonríe.

No soy yo no
es otra la mujer que
arañó suplicó lloró gimió mordió
perdió el aliento
no rindió cuentas
la amante la embriagada la extranjera
la que se ahogó y sonrió.

No soy yo no
podría haber sido ella
disimular ese dolor disimular ese amor
yo soy la mujer que escribe.

LA TORMENTA

Verte contemplar el cielo
tan serio que pareces una estatua
la agitada crin de la lluvia
el mar hecho de pulpa negra
el aire que separa las olas
que se funde con nosotros
el aire que es vacío
que es lo único que vale la pena
que es lo único que hay.

ESTE AMOR III

Este amor es una cuenta atrás
es todos los días necesarios para alcanzar
esa región remota atestada de mariposas y flores invencibles
este amor es todos los días
de los que ya nunca dispondremos.

LA BROMA

Cuando vamos en tu coche
y tu mano derecha encima de mi rodilla izquierda
y yo me levanto el vestido
para notar tu tacto por completo en mi piel
y tú con cariño y decoro
—después de todo lo que aconteció anoche
entre las sábanas—
dulce me acaricias la parte interna del muslo.
Entonces dices voy a extrañar esto
mi muslo ahí para acariciar cuando conduces
tendré que probar a comprarme una sandía dices
colocarla en el asiento del copiloto
acariciarla pensando que son tus piernas.

Y eso nos provoca risa
la repetimos varias veces
la broma de la sandía
una broma no exenta de dolor
el dolor de la ausencia
que en esos momentos ni imaginamos
                    ni concebimos
                    ni calibramos
porque nos creemos en posesión de la aurora.

Todos los momentos en que repetimos la broma
se nos clavan más tarde
todas las risas cuyo dolor futuro
no fuimos capaces de mesurar.

LO QUE ME DEJAS

Un martilleo constante
un llamar a todas mis puertas
un estar en todas las cosas.

Lo que me dejas es esa persistencia
el terrible anhelo de habitar
una casa llena y no
este encofrado de piel uñas huesos
el terrible anhelo de estar
un poco
menos muerta.

NO ES ESO

No es lo que nos decimos no
las conversaciones que tenemos
las bromas comunes
los recuerdos que de otros momentos
compartimos.

No es eso no es
nada de esa envoltura.

Es lo que no nos decimos.
Son los ojos y las manos
el amor feroz
lo que hacen nuestros cuerpos.
Ellos se aman a pesar de las palabras
los cafés las habitaciones.
Ellos se aman más allá de nosotros
mismos
nosotros
nosotros somos otra cosa.

COMO GATOS

Tú tienes una vida
pero siete almas.
Las has vendido casi todas
pero te queda una ahí
para mí.

Yo tengo siete vidas
pero solo un alma.
Ya la perdí.
Pero me quedan todas esas vidas malgastadas
para quemar.

ÚNICA SOLUCIÓN

No quiero compasión
no busco piedad
ni clemencia
ni que me odien ni que me quieran
no me arrepiento.
Todo lo espantoso y lo bello de este amor está aquí.
Pero la realidad es aún más bella y más espantosa
es tan insoportable por su horror y por su hermosura
que la única solución
es escribirla.

QUIROMANCIA III

Abres la mano
me tocas con esa mano
vas pasando sobre mí esa mano que es
un desván
el único desván tuyo al que entraré
vas pasando sobre mí tus espigas y tus espinas
huellas humanas que se me imprimen
se me tatúan
se me incendian
tus manos que no son mudas ni anónimas
tus manos que son con certeza mapas.

LOS ÚLTIMOS DÍAS

Los últimos días
no queremos dormir
no queremos salir
no queremos mirarnos en los espejos
nos volvemos taciturnos
empezamos a ser tú y yo de nuevo
—aunque nunca fuimos nosotros
en ningún momento—.
Los últimos días
la habitación que nos acoge
se enferma
de sexo triste.

DESAPAREZCO

Si tú mueres
yo desaparezco
una parte de mí al menos
una parte secreta que me pertenece y nadie más
poseyó salvo tú
desaparece contigo
salvo tú
desaparece
desaparece
desaparezco.

QUIZÁS

Quizás no fuiste
no exististe
solo en mi cabeza
solo en mi deseo
solo en mi necesidad
quizás solo respondiste
a la imaginación a la sed de una ebria
quizás te inventé
como te inventan todas
las malqueridas.

UNA MAÑANA

Una mañana me descubrirán o me descubriré
me dejarán o me dejaré
te morirás o me moriré.
Una mañana alguien acallará a los pájaros
teñirá de sepia el azul perpetuo
apagará las luces
y cerrará la puerta.
Una mañana todo aquello
ese amor esa locura esa coartada
habrán sido el pasado
habrán sido la vida.

EPÍLOGO

Cuando sea vieja
cuando viva en una casa
con los armarios repletos de vestidos
que hace treinta
qué digo treinta
cuarenta acaso cincuenta
años que ya no me pongo
una casa para repartir
una casa para demoler
o mejor aún cuando viva
—vivir es solo
una manera de hablar—
en una habitación compartida
con otra vieja tonta como yo
y todos piensen de mí
mira qué ancianita adorable nunca
rompió un plato.

Cuando sea vieja
cuando los ojos se me inunden de niebla
—mejor la niebla que la vista
mejor la niebla la niebla—
cuando los pulmones se me encharquen de sopa

y mi melena encanezca por completo
o no tenga no quede
ni uno de mis cabellos
y mis manos enroscadas ya no me soporten
mi cuerpo ya no me soporte
me abandone
por más que yo me aferre al mástil
mi cuerpo me expulse
me repudie
me ruegue que me rinda
que me marche
que me calle
que lo deje solo.

Cuando eso suceda y ya nadie se acuerde
porque tú
tú ya no estarás
tú ya no serás
tú
tu enorme gigantesco ardiente ser
que me amó que yo amé
tú serás nada serás polvo
tan grande tan maravilloso tan eterno tú
un puñado de frío.

Entonces mi boca
mi boca que besaste hasta el límite mi boca
se torcerá en una mueca
en algo monstruoso en algo
parecido a una sonrisa
y eso
la boca la mueca la sonrisa de la monstrua
de la ancianita adorable de la vieja tonta
gritará
yo fui
yo lo tuve
yo no renuncié.

ÍNDICE

Este número 104
de *Siltolá Poesía*
se terminó de imprimir
en el mes de septiembre de 2024

Colección SILTOLÁ POESÍA
Otros títulos publicados en esta colección

Juan María Calles
La música del aire (2012).

Elena Román
Será genealogía (2012).

Ana Llurba
Este es el momento exacto en que el tiempo empieza a correr (2015).

Tadeusz Dąbrowski
Te Deum (2016).

Orlando González Esteva
Las voces de los muertos (2016).

Itziar Mínguez Arnáiz
Que viene el lobo (2016).

Olga Bernad
Perros de noviembre (2016).

Julio César Galán
El primer día (2016).

Felipe García Quintero
Cavado (Hasta el silencio) (2016).

Mauricio Molina Delgado
Treinta y seis daguerrotipos de Diotima desnuda (2016).

Carlos Cortés
Festín en época de peste (2016).

Begoña M. Rueda
Princesa Leia (2016).

Isabella Leardini
La coinquilina scalza (La inquilina descalza) (2017).

Costas Reúsis
La irrealidad submarina (1993-2015) (2017).

León Molina
Esperando a los pájaros del sur (2017).

José Luis Tejada
Razón de ser (2017).

Osvaldo Sauma
Terapia de locos (2017).

Itziar López Guil
Esta tierra es mía (2017).

José Luis Piquero
Tienes que irte (2017).

Julián Cañizares Mata
Navajazo (2017).

José Daniel García
Noir (2017).

Álvaro Guijarro
Siglo XXIII (2017).

José Luis Gómez Toré
Hotel Europa (2017).

Juan Cobos Wilkins
Donde los ángeles se suicidan (2018).

Fernando Pessoa
35 Sonnets / Sonetos (2018).

Javier Lorenzo Candel
Apártate del sol (2018).

Carlos Lagarriga
La imperfección (2018).

Juan Bello Sánchez
Mi tiempo perdido (2018).

Arturo Tendero
El otro ser (2018).

Sònia Hernández
La quietud de metal (2018).

Enrique Zumalabe Ramblado
La lluvia o la mañana (2018).

José Gutiérrez Román
Todo un temblor (2018).

Daniel Fernández Rodríguez
Las cosas en su sitio (2018).

Karmelo C. Iribarren
*Los cien mejores poemas de
Karmelo C. Iribarren* (2018).

Andrea Bernal
Todo lo contrario a la belleza (2019).

Francisco Gálvez
La vida a ratos (2019).

Néstor Villazón
La culpa colectiva (2019).

César Iglesias
Suena la nieve (2019).

Ángel Petisme
La camisa de Machado (2019).

Julián Cañizares Mata
Cuarenta ciervos invisibles (2020).

José Manuel Benítez Ariza
Realidad (2020).

Miguel Veyrat
Furor & Fulgor (2020).

Pelayo Fueyo
La herida del aire (2020).

Javier Lorenzo Candel
Sin piel (2020).

Óscar Díaz
En el principio era América (2020).

Juan Peña
Yacimiento (2021).

José Luis Gómez Toré
El territorio blanco (2022).

Miguel Floriano
Mapas del vagabundo (2022).

Elena Felíu Arquiola
Anuario (2022).

Diego Medina Poveda
En vecindad, no en compañía
(2022).

Eduardo Gregori
Cuaderno de Lucía (2022).

Luis Alemañ Tenas
Cruzar el Rubicón (2022).

Antonio García Barbeito
Athene Noctua (2022).

Julián Cañizares Mata
Setenta saludos (2022).

Carlos Asensio
Astroblema (2022).

Jannet Weeber Brunal
Paisaje suspendido (2022).

Antonio Orihuela
Diles que dije no (2022).

Laura Ramos
La verdad es que estoy sola y que estoy ardiendo (2022).

Miguel Veyrat
La ora azul (2023).

Óscar Díaz
La exacta fantasía (2023).

Eduardo Hilpert
Cardo, decumano (2023).

José Manuel
Camacho Vázquez
El huerto (2023).

Andrés Ortiz Tafur
Traigo noche en los zapatos (2023).

Álvaro Petit Zarzalejos
Lograr el amor es alcanzar a los muertos (2023).

Elena Felíu Arquiola
Otro amor (2023).

Santos Domínguez
Cuaderno de Italia (2023).

Javier Gato
Conversión de la estatua de sal (2023).

Sesi García
Ciudad perdida por otra ciudad (2023).

Julio Mariscal Montes
Cien poemas (2024).

Marc J. Mellado
Esta combustión inalienable (2024).

Pedro Luis Casanova
Azar ileso (2024).